見る！知る！考える！

ユニバーサルデザイン UD

がほんとうにわかる本

① もののユニバーサルデザイン

小石新八（武蔵野美術大学名誉教授）／監修　こどもくらぶ／編

はじめに

　みなさんは、ユニバーサルデザイン（以下UDと記す）という言葉やその意味を知っていますか？「平成28年度バリアフリー・ユニバーサルデザインに関する意識調査報告書」（内閣府）によると、「知っている・どちらかというと知っている」が53％で、「知らない・どちらかというと知らない」が43％とのことです。この数字からすると、半分以上の人が、少しは知っているということになります。

　たしかに最近、UDという言葉が、よくつかわれるようになりました。政府も、2020年のオリンピック・パラリンピックを東京で開催することをきっかけに、UDの考え方を日本じゅうに根づかせようとしています。2017年２月には、UDを「年齢、性別、障がいの有無にかかわらず、人びとが製品や施設などを利用しやすいよう、はじめからデザインすること」と定義して、「ユニバーサルデザイン2020行動計画」が発表されました。

　でも、みなさんは、ほんとうにUDを理解しているのでしょうか。下の写真の、中央に穴があいた流線型のものがなにかわかりますか。

　これはユニバーサルデザイン（UD）の考え方を取りいれてつくられたボールペンです。では、このボールペンがつかいやすいと思いますか。おそらく、まっすぐなもののほうがつかいやすいという人が、多いのではないでしょうか。もしそう思うなら、UDをほんとうに理解しているとはいえませんよ。「えっ！どういうこと？」と、疑問に感じる人もいるはずです。

　じつは、このシリーズは、そのように疑問に感じる人が、少しでもすくなくなるように、３巻構成で、いろいろなものやまち、そして、人びとのくらしのなかのUDについて、見て、知って、考えていこうという本です。

　さあ、この本を読んで、ユニバーサルデザイン（UD）を、よく理解してください。

❶もののユニバーサルデザイン
❷まち・施設のユニバーサルデザイン
❸くらしのユニバーサルデザイン

子どもジャーナリスト　稲葉茂勝
Journalist for children

もくじ

❶ もののユニバーサルデザイン

パート1 しっかり考えよう！

- ❶「はじめから」が肝心！ …………………………………… 4
- ❷「だれにでもつかいやすい」って、ほんと？ …………… 6
- ❸ 福祉の心があれば ………………………………………… 8
- ❹ あそび道具も、UD ……………………………………… 10

もっと知ろう！
海外のユニバーサル・プレイシング ……………………… 11

つくってみよう！ オリジナルUD
ビー玉迷路 ………………………………………………… 12

パート2 目で見るユニバーサルデザイン（UD）

- ❶ 衣料品 ……………………………………………………… 13

つくってみよう！ オリジナルUD
ボタンかけーる …………………………………………… 15

- ❷ 文房具 ……………………………………………………… 16

つくってみよう！ オリジナルUD
つめ切りとはさみ ………………………………………… 18

- ❸ 食器 ………………………………………………………… 20
- ❹ 食品などの容器 …………………………………………… 22
- ❺ 調理器具 …………………………………………………… 24
- ❻ 洗たく用具 ………………………………………………… 26
- ❼ 医療関係 …………………………………………………… 27

もっと知ろう！
UDにかかわる法律など ……………………………… 28

用語解説 ……………………… 30
さくいん ……………………… 31

パート1 しっかり考えよう！

1 「はじめから」が肝心！

ユニバーサルデザイン（UD）とは、「年齢、性別、障がいの有無にかかわらず、人びとが製品や施設などを利用しやすいよう、はじめからデザインすること」ですが、とくに「はじめから」という点に、注目しなければなりません。

よく似た言葉「バリアフリー」

ユニバーサルデザインをしめす「UD」とよく似た言葉に、「バリアフリー」があります。これは、UDよりはやくからつかわれてきたため、みなさんもよく耳にするかもしれません。

UDは、1980年代にアメリカの建築家でノースカロライナ州立大学の教授だったロナルド・メイス氏が提唱したものです。その背景にあったのが、障がい者のための「バリアフリーデザイン」です。1974年に国連の障害者生活環境専門家会合で『バリアフリーデザイン』（→用語解説）という報告書がつくられています。

バリアフリー ＜ UD

「バリアフリー」は、障がいのある人とない人とのあいだの障壁（バリア）をなくすことをさす言葉です。一方、UDは英語で「普遍的なデザイン」という意味のUniversal Designの略。障がいのある・なしや、性別、年齢、国籍などにかかわらず、あらゆる人にとってつかいやすいように工夫しようという考え方や、そうした考え方でデザインされたもののことです。UDは、その対象範囲がバリアフリーよりも広いことから、バリアフリーを発展させた考え方だといわれています。

もっとくわしく！

ロナルド・メイス氏は障がいがあって車いすを使用していたが、バリアフリーが唱えられるなか、障がい者だけが特別あつかいされることを望まなかったという。彼は、すべての人たちにつかいやすいものをつくろうとするUDを主張し、UDの「7つの原則」（→用語解説）を提唱。これが、しだいに世界各地へ広まったといわれている。

バリアフリーとUDのちがい

バリアフリーとUDのちがいを説明するのによく出される例として、建物の入り口の段差があります。もともと階段しかなかったところを改造してスロープやエレベータをつけるのが、バリアフリー。一方、建物を建てる際、はじめからスロープをつけるように設計（デザイン）するのが、UDの考え方なのです。

障がいのある人やお年寄りなどにとって障壁（バリア）になっているものをあとから取りのぞく（フリーにする）のではなく、はじめからそうした人たちにやさしい設計（デザイン）をするのがUD！ UDは「はじめから」が肝心だというのは、こういうことを意味しています。

大阪城には、改修工事の際にエレベータや建物間のスロープなどが設置された。このように、かつての建造物に、設備を加えることはバリアフリーの考え方による。

あらゆる人を対象としたデザイン

まちを走るノンステップバスは、出入り口にステップ（階段）がないので、車いすやベビーカーが乗りおりしやすくなっています。もちろん、それは、すべての人にとっても乗りこみやすい、まさに、UDといえます（→2巻『まち・施設のユニバーサルデザイン』）。

また、駅やデパートなどに登場している多目的トイレ（だれでもトイレ）は、高齢者や障がい者のみのためのデザインではありません。けがをした人や、子どもや赤ちゃん連れの人など、より多くの人が便利だと思えるようにデザインされています（→P9）。その入り口には、「どなたでもご利用ください」などと書いてあることもあります。

古い寺でも、階段にスロープや手すりをつけることで、車いす使用者やベビーカーをおす家族などが参拝しやすくなる。これも、バリアフリー。

近年は、写真のような案内のある、「はじめから」だれでもつかえるように配慮されたトイレがふえている。

2 「だれにでもつかいやすい」って、ほんと?

「はじめに」で紹介したボールペンが「だれにでもつかいやすい」といえるのは、なぜでしょうか? また、ノンステップバスや多目的トイレはどうでしょうか? あらためて考えてみましょう。

だれにでもつかいやすいとは?

下のボールペンがだれにでもつかいやすいといえるのは、写真のように、さまざまなつかい方ができるようにデザインされているからです。

幼稚園や小学校では、えんぴつやペンの「正しい持ち方」を習います。でもじつは、さまざまな障がいがあって、ふつうのまっすぐなボールペンがつかえない人がいます。写真のボールペンは、そうした人でも、自分なりの方法で持って書くことができるものです。もちろん障がいのない人もつかえます。

でも、障がいのある人・ない人すべてにとって、つかいやすいかといえば、どうでしょうか? そう思わない人もいるはずです。

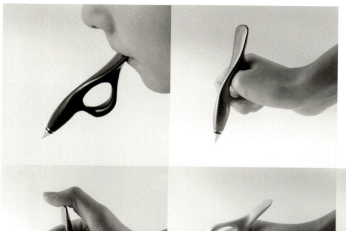
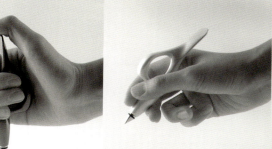

パート1 しっかり考えよう！

UDというけれど

　UD製品はじつに多くあります。しかし現在、その定義がはっきりしていません。そのため、なかにはUD製品と表示してあっても、じっさいには、みんながつかいやすいとはかぎらないものもあります。一般的な製品とはデザインがことなるためにつかい方がわからない、なれないためにつかいにくいというものもあります。

シャンプーとリンス

　現在、多くのシャンプーとリンスの容器には、それらを区別するための工夫が見られます。たとえば、シャンプーの容器にはきざみがついています。これなら、目の見えない人にも区別がつきます。このきざみは、だれがつかっても便利なもの。シャワーで髪をぬらしてしまってから、固く目を閉じて、きざみをたよりにシャンプーとリンスを区別する、そんな経験がある人は多いはずです。これぞUDといっていいでしょう。

「だれにでも」を目指して、かわるUD

　下の写真（左）は、世界包装機構（WPO）が毎年開催するコンテストで、2006年、すぐれたデザインとして「ワールドスター賞」を受賞したジャムのびんです。びんをしっかり持ってふたを開けられるようにと、ななめのへこみがついていました。
　このへこみに親指を乗せるようにして左手にびんを持ち、右手でふたを持つと、手がすべりづらくふたを開けやすいといいます。でも、右手でびんを持ち、左手でふたを持つ左利きの人には開けづらい、という意見も聞かれました。
　このジャムのびんはその後、ぐるっと一周、おうとつがついたかたちに改良。どこを持ってもびんがすべりづらいようにという配慮です。
　「だれにでもつかいやすい」の実現はむずかしいものですが、だからこそUDは、このようにどんどん変化するのです。

現在、多くのシャンプー容器には、本体やふたなどにきざみがついている。

へこみがななめなので、親指を乗せやすい。

左が2006年当時、右が2017年現在のデザイン。どちらも、びんの形状を持ちやすく・開けやすいものにしたり、視覚障がい者に役立つ点字をつけたりと工夫している。

3 福祉の心があれば

みなさんは、階段とスロープではどちらが歩きやすいでしょうか。多くの人は、階段と答えるのでは？ UD製品のなかには、一般的にはつかいにくいものもあります。それでも、UDという考え方は、とても重要です。

健常者でも

人はだれでも、事故や病気によって、何らかの障がいを負うことがあります。もとより、だれもが年をとります。高齢になると、わかいうちとはまったくことなる状況が生じます。くりかえしますが、UDは「**年齢、性別、障がいの有無にかかわらず、人びとが製品や施設などを利用しやすいよう、はじめからデザインすること**」です。でも、その「障がいの有無にかかわらず」というのは、いまは障がいがなくても（健常者でも）、将来、障がいが出てくる可能性をふくめて考えなければなりません。

こう考えることで、UDが真に「すべての人にやさしいデザイン」となるわけです。

はじめからスロープが一体になったデザインの階段。まさにUDといえる（カナダ・バンクーバー）。

社会でUDがふえれば

福祉とは、「幸福。特に社会の構成員に等しくもたらされるべき幸福」（『大辞林』）のこと。UDの目的は、福祉です。しかし、すべてのUD製品や施設が「社会の構成員に等しくもたらされるべき幸福」であるというわけにはいきません。なぜなら「社会の構成員に等しく」ということが現実的にむずかしいからです（→P7）。

でも、UD製品や施設を利用することで、福祉の心を養うことはできます。

「このようなUD製品や施設が必要な人たちがいる！」と、より多くの人が知ることで、福祉が実現していくわけです。UD製品やUDの施設が、社会でどんどんふえていけば、より多くの人が、福祉の心を養うことができるということなのです。

これはどんな人のためのものか、わかる？

上の写真は多目的トイレ（→P5）の内部。たとえば □ の設備は、病気や事故が原因で通常の排泄ができず、お腹に人工肛門や人口膀胱（ストーマ）をつけた人（オストメイト）が、ストーマ内部の排泄物を洗いながすためのもの。このトイレを利用することが、そうした人がいることを知り、福祉の心を養うことにつながる。

女性	高齢者	子ども	LGBT(性的少数者)	外国人	妊婦	障がい者	左利き	男性
51人	26人	15人	8人	1人	1人	6人	10人	49人

このイラストは、日本の人口を100人と考えたとき、男性、女性、子ども、外国人など割合がそれぞれ、だいたい何人にあたるかをしめしている。社会にはいろいろな人がいて、それぞれの「つかいやすい」がことなると知ることが、UDへの第一歩。

出典：日本ユニバーサルマナー協会資料

パート1 しっかり考えよう！

④ あそび道具も、UD

あそび道具というと、おさない子どもがつかうものと思いがちです。でもじつは、たのしくあそべる道具にこそ、UDの考え方が取りいれられています。

だれでもたのしめる

すぐれたあそび道具には、集中力や想像力を身につけられるようにつくられているものが多くあります。そうしたものは、子どもたちだけでなく、高齢のためにいろいろな能力が低下してきたお年寄り、障がいのある子どもや大人の、リハビリ（→用語解説）にも役立つといわれています。子どもにとっても、お年寄りにとっても、共生意識を育てるあそび道具というのもあります。

さらに近年、お年寄りの認知症（→用語解説）が問題になっていますが、認知症の人でも集中力がまし、創造活動ができるようになるといわれるあそび道具も、注目されてきました。

こうした、年齢を問わず役に立つあそび道具は、まさにUDということができます。UDのあそび道具を通じて、さまざまな人びとの交流が生まれ、拡大していくと見られています。

小さな子どもや、指先の力が弱くなったお年寄りにとって、何枚ものトランプを落とさず持つのは、案外たいへん。写真のようなカードホルダーは、そんな人だけでなく、だれでも便利につかえるあそび道具。

もっとくわしく！

ユニバーサル・プレイシングの本

写真は、いまから17年前に出された『ユニバーサル・プレイシングの本』。この本では、おもちゃを、年齢や障がいの有無に関係なく、ひとりひとりのためになる「ユニバーサル・プレイシング（あそぶもの）」として紹介している。この本がつくられた2000年当時は、建物や道路をバリアフリーにしようという法律（→P28-29）ができたころ。ユニバーサルデザイン（UD）という考え方も出てきていたが、まだまだおもちゃなどの遊具にUDが取りいれられてはいなかった。いまでは、あらゆる道具、まちの施設やくらしの細部にまで、UDが求められてきている。

編集：株式会社ボーネルンド
発行：株式会社同友館

もっと知ろう！
海外のユニバーサル・プレイシング

スウェーデンやノルウェーなどの北ヨーロッパの国ぐにでは、はやくから福祉（→P9）が充実しています。もちろん、あそび道具も、保育園など子どもたちの施設をはじめ、お年寄り向けのケア施設などに取りいれられ、年齢、障がいの有無にかかわらず、多くの人につかわれています。

すぐれたおもちゃやゲームは、たのしいだけでなく、それらをおこなうことを通して、機能を養ったり回復させたりという効果があるといわれている。

つくってみよう！オリジナルUD

ビー玉迷路

UDは、「年齢、性別、障がいの有無にかかわらずつかえること」が重要です。このビー玉迷路は、子どもからお年寄りまでたのしめる、UDのあそび道具です。

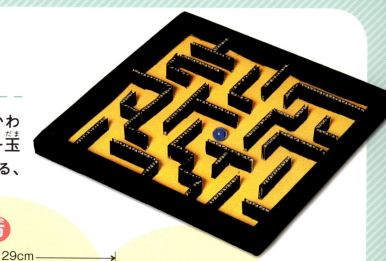

かかる時間
- 30分

材料
- ダンボール2枚（30cm×30cm以上）
- ビー玉
- 接着剤

道具
- カッター
- 定規

つくり方

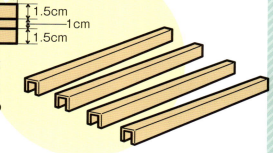

1 1枚の段ボールから、29cm×4cmの大きさを、4枚切りとり、絵のようにそれぞれをコの字型に折りまげる。

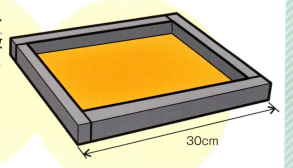

2 1で折りまげたダンボールを、もう1枚のダンボールのふちに接着剤でしっかりつける。

3 残っている段ボールから、迷路の「壁」を切りとり、てきとうなパターンを自分で考えてダンボールに接着する。

パターンの例

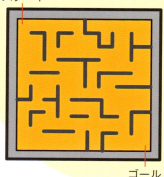
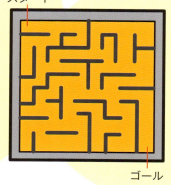
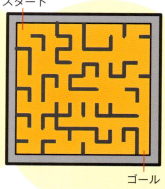

あそび方 ビー玉をスタートに入れ、段ボールをいろいろにかたむけてゴールまで動かしていくよ。いくつもつくって、何人かで同時にビー玉を転がし、ゴールまでの時間を競走してもおもしろいね。

パート2 目で見るユニバーサルデザイン（UD）

1 衣料品

この本のタイトルは、「もののユニバーサルデザイン」。パート2では、洋服などの衣料品から見ていきます。洋服は赤ちゃんからお年寄りまで、障がいがあってもなくても、だれにとっても欠かせないもの。衣料品に見るUDとは、どういうことでしょう。

だれもが経験していること

洋服の首回りが小さくて、「頭が引っかかって困った」という経験はだれにでもあります。ボタンが大きすぎたり小さすぎたりして止めづらかったということも、多くの人が経験しています。

頭からかぶるタイプの服は、ぬぎ着するとき、顔や頭に引っかかる。めがねやマスクが外れたり、髪型がくずれたり、お化粧が服についてしまったり……。

小さな子どもや、けが・病気、障がいなどで手がうまくつかえない人にとって、ボタンかけはひと苦労。

パート2 目で見るユニバーサルデザイン（UD）

経験の数だけ、工夫ができる！

前のページのような不便がないように、また、着やすい・着せやすい服にするために、工夫の仕方は、ここに紹介した以外にも、いろいろ考えられます。

●着やすくぬぎやすい洋服

ボタンやマジックテープなどで、首回りが大きく開くように工夫された洋服。子ども服に多いが、大人用にも便利な工夫。

●とめやすいボタン

横から見ると、シーソーのような形をしたボタン。イラストのように、ボタンがとめやすい。

横から見たところ。

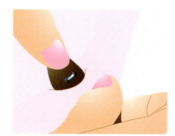
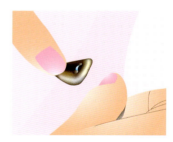

●さわって色がわかる洋服のタグ

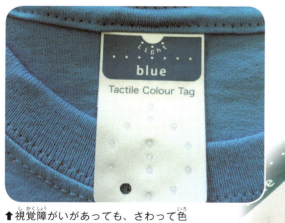

↑視覚障がいがあっても、さわって色がわかるように工夫されたタグ。

タグにある小さなおうとつが「色相環」をあらわし、穴が洋服などの色をしめす。色相環は、色を決まった順番に輪にならべたもの。

➡洋服のタグだけでなく、かばんやくつ、マフラーなど、さまざまなものにこのタグがついていれば、目が見えない人、見えづらい人でも、色を選ぶことができ、おしゃれの幅が広がる。

つくってみよう！ **オリジナルUD**

ボタンかけーる

くりかえし記していますが、UDは「年齢、性別、障がいの有無にかかわらずつかえる」かがポイントです。みなさんも「ボタンかけーる」をつくって、福祉の心（→P9）を高めていってください。

かかる時間
● 15分

材料
● 持ち手用の棒
● はり金
● ビニールテープ

道具
● ペンチ

にぎりやすい太さ・長さを選ぶ。

つくり方

1 ペンチをつかってはり金を下のかたちに曲げる。

ボタン穴に通る大きさに。

いち方向にしっかりねじる。

2 1で曲げたはり金をビニールテープで棒にしっかり固定する。

つかい方

1 ボタン穴にはり金を通し、ボタンを引っかける。

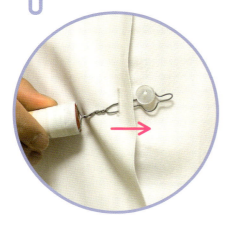

2 はり金を引っぱり、ボタンをボタン穴に通す。

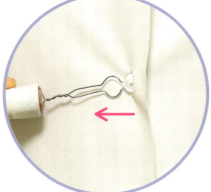

3 はり金をボタンから外すと、ボタンがかけられている。

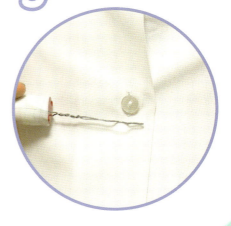

２ 文房具

> 勉強をしたり絵をかいたりと、文房具は毎日のくらしに欠かせない道具です。だからこそ、「ここがつかいづらい」「もっとこうしたら便利」と思う機会も多いはず。文房具のUDを考えてみましょう。

発想の転換で「つかいづらい」を解決

下の写真は、「持たない」ことで「持ちづらい」や「持てない」を解決した筆やえんぴつです。蒸気でくもったガラスに、指で絵を書く子どもの姿をヒントに考えられました。

このほか、「消したい文字以外の文字も消してしまう」ことを解決する消しゴム、つかいやすいはさみなど、いろいろなUD文房具があります。

●指先にはめて書く筆やえんぴつ

指にはめてつかう筆。ふつうに持つ筆とくらべて上手な字を書くのはむずかしいが、書くたのしさを感じられるという。子どもや手に障がいがある人のほか、認知症のお年寄りのリハビリにもつかわれる。

写真は試作品。このメーカーでは、ほかにも指にはめて便利につかえるものができないか考えているという。このように、さまざまなアイディアを出すことは、UD実現への第一歩。

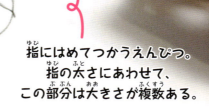

指にはめてつかうえんぴつ。指の太さにあわせて、この部分は大きさが複数ある。

パート2 目で見るユニバーサルデザイン（UD）

●角が消えない消しゴム

「角が丸くなって細かい部分が消しづらい」ことがないように、角が28ある消しゴム。角がひとつ丸まっても、別の角で消すことができる。

幅のことなる消しゴムがひとつになった、消せる範囲を選べる消しゴム。

●指にささらない画びょう

やわらかい素材の輪っかでつつまれたような画びょう。はりがむきだしでなく、落ちても針が上を向かないため、指にさしたり足でふんだりする危険がすくない。

●にぎらなくても切れるはさみ

持ち手が、カスタネットのように平たく大きいことで、にぎる力が弱くても切れるはさみ。机の上に置いてもつかえる。

カバーをつけたままでも切れるから、あぶなくない。

もっとくわしく！

点字はUD？

左ページに紹介した筆やえんぴつは、手が不自由な人やにぎる力が弱い人にとってつかいやすい文房具。でも、たとえば、視覚障がい者はそれで書いた文字が読めない。また逆に、視覚障がいのある人が指でさわって読む文字「点字（→用語解説）」を読んだり、それを書いたり（打ったり）する道具をつかいこなすのは、ふつう、健常者にはむずかしい。このように、だれにとってもつかいやすい＝UDを実現することは、とてもむずかしい。だからこそ、つかい方がことなるたくさんの製品があって、多くの人がそれぞれ、自分が「つかいやすい」と思えるものを自由に選べることが、UDにとって大切なことだ。

つくってみよう！ オリジナルUD

つめ切りとはさみ

ここで紹介するのは、UDに改良したつめ切りとはさみです。もちろん、そのままのほうがつかいやすいという人も多いでしょうが、片手で持たなくてすむから、お年寄りや手を動かしづらい人、障がいのある人などでもあつかいやすいのです。

かかる時間
● 30分

材料
● つめ切り
● はさみ
● バルサ材*（つめ切り用はうすくていい。はさみ用は持ち手がかくれるていどのあつみ）
● スポンジ
● 両面テープ
● ビニールテープ
● 接着剤

道具
● のこぎり
● 彫刻刀

*軽くあつかいやすいものならほかの材質でかまわない。

つくり方

つめ切り

1 のこぎりをつかって、つめ切りよりひとまわり大きくバルサ材を切る。

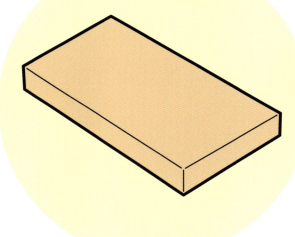

2 バルサ材の中心に、彫刻刀でつめ切りがはめこめるぐらいのみぞをほる。つめ切りを接着すれば完成！

はさみ

1 「つめ切り」と同様に切りだしたバルサ材に、はさみを両面テープで固定する。

持ち手をバルサ材のふちにあわせるように。

この部分を両面テープでしっかりとめる。

2 もうひとつの角材にも同じように両面テープで固定する。

3 小さく切ったスポンジを絵のようにとめる。本体をうら返して、うら面をビニールテープで固定すればできあがり。

接着剤でスポンジをつける。

ビニールテープなどでしっかりとめておく。

つかい方 つめ切り、はさみは、床や机に置いてつかうよ。UDで考えられた、こうしたものをつかうことが、福祉の心を養うことにつながるよ（→P9）。

3 食器

毎日を健康にたのしくすごすために、おいしいものをおいしく食べられることは、とても大事。障がいがあったり、体力がおとろえたりしていても、それは同じです。

こぼさず食べられる食器

障がいがあって手を動かしづらい、利き手をけがして反対の手で食べなくてはならないなどというとき、食べものをうまくすくえず、こぼしてしまうことがあります。こんなとき、こぼさず食べられるように工夫された食器があったら、とても便利です。

●こぼれにくい皿

皿のふちが広いと、おさえやすい。また、スプーンなどですくいやすいように皿のへりのかたちにも工夫がある。底には、すべりどめがついている。

うらにすべり止めがついていて、皿がずれない。

へりがせりあがっていて、食べものをすくいやすい。

手でおさえられるように、ふちが広くなっている。

スプーンなどをさしこみやすいように広くあいている。

底が坂になっていて、食べものを片側に集めやすい。

パート2 目で見るユニバーサルデザイン（UD）

●自由につかえるスプーンとフォーク

下は、持ち手がにぎりやすくすべりづらいフォークとスプーン。先は、食べやすいかたちで、右きき用と左きき用とで、曲がり方がことなる。

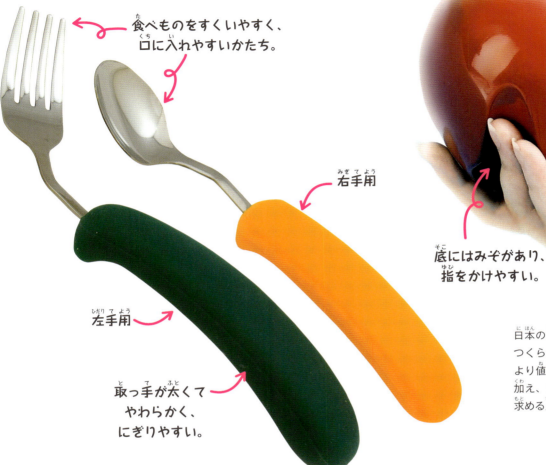

食べものをすくいやすく、口に入れやすいかたち。

右手用

左手用

取っ手が太くてやわらかく、にぎりやすい。

●漆ぬりのUD茶わん

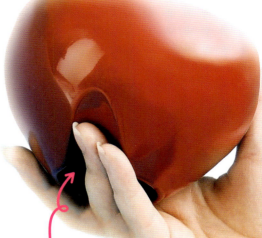

底にはみぞがあり、指をかけやすい。

日本の伝統工芸品である漆塗りでつくられた茶わん。一般的なものより値段が高いが、つかい勝手に加え、デザインや質感にもよさを求める人に人気。

もっとくわしく！

「福祉の心」で考えよう！

きみたちは、食事のときの飲みものを入れるとしたら、つぎのうち、どれを選ぶ？

どれを選ぶかは、当然人によってちがう。でも、たとえば、背が高くてたおれやすいワイングラスは、意識せずに食器にふれがちな小さな子どもや、目が見えない人などにとって安全とはいえない。また、取っ手があるほうが落とす心配がすくないようだが、取っ手のかたちによっては、かえって持ちづらいこともある。このように、コップひとつ選ぶにも、どんな人がどんなふうにつかうかを想像する心、「福祉の心」が大切だ。

4 食品などの容器

食品などを入れる小さな容器は、小さなパックひとつとっても、UDを目指して工夫が重ねられています。

ふだんは気にしないけれど

ペットボトルや牛乳パックなどは、とても身近なため、あまり意識しませんが、いろいろな工夫がされています。

●ペットボトル

回しやすいように、キャップにおうとつがあるものもある。

くぼみに指をかけるともちやすい。

重いペットボトルは、持ちやすさが重要。加えて、リサイクルの回収に出しやすいように、ラベルを外しやすい、つぶしやすいなどの工夫がされている。

●牛乳パック

多くの牛乳パックには、下のイラストのような「矢欠き」がついている。これは、牛乳とそのほかの飲料との区別がつかず不便だという、視覚障がい者の声から生まれたもの。
※農林水産省が平成5〜7年におこなった実態調査。

牛乳であることの印「矢欠き」。この反対側が開け口。

切りとり線が入っていたり、はがし口がついていたりするラベル。

●食品用ラップ（ラップ）

食品用ラップは、切りとったあと、ぐちゃぐちゃになったり、ラップが容器（箱）の内側に巻きもどってしまって、引きだし口がわからなくなったりすることも多かった。下の箱には、それらを防ぐための工夫がたくさん。

ふたのふちにはギザギザ（専用カッター）。
ふたはV字型で、切りやすい。

ラップがここにくっつき、巻きもどりをふせぐ。

パート2 目で見るユニバーサルデザイン（UD）

だれもがつかうからこそUD

しょうゆやドレッシング、ゼリーなどの小さな袋やカップが開かずにイライラ……。そうした経験はだれにでもあるはず。だれもがつかうものだからこそ、小さくても、いろいろなアイディアがつまっています。

●片手であけられる容器

ごくうすい切れ目と突起があることで、ふたつ折りにしやすい。

片手で半分に折って中身を押しだす容器。小さな袋をやぶって中身を出す容器とは、まったくことなる新しいアイディア。

●どこからでも切れる袋

細かい穴が開いていて、袋の端をねじるようにすることで、切れる。

以前は、切りこみ部分から、袋をさいてあける方法が一般的だった。写真は、袋の端の特殊な加工により、「どこからでも」切れるというパッケージ。指先での細かい動きが苦手な人や子どもでも、以前より開けやすくなった。

もっとくわしく！

食材のかたちやかたさなど、食べやすさに工夫をこらし、栄養バランスにも気を配った食品を「ユニバーサルデザインフード」という。各メーカーが日本介護食品協議会の基準にもとづいてつくっている。赤ちゃんの離乳食とはちがって、味がしっかりついている。介護用の食品として生まれたが、食欲のないとき、歯がいたくて食べづらいときなどにも便利だ。

ユニバーサルデザインフードって？

区分	UD 容易にかめる	UD 歯ぐきでつぶせる	UD 舌でつぶせる	UD かまなくてよい
かむ力の目安	かたいものや大きいものはやや食べづらい	かたいものや大きいものは食べづらい	細かくてやわらかければ食べられる	固形物は小さくても食べづらい
飲み込む力の目安	普通に飲み込める	ものによっては飲み込みづらいことがある	水やお茶が飲み込みづらいことがある	水やお茶が飲み込みづらい
かたさの目安 ごはん	ごはん～やわらかごはん	やわらかごはん～全がゆ	全がゆ	ペーストがゆ
かたさの目安 たまご	厚焼き卵	だし巻き卵	スクランブルエッグ	やわらかい茶わん蒸し（具なし）
かたさの目安 肉じゃが	やわらか肉じゃが	具材小さめやわらか肉じゃが	具材小さめさらにやわらか肉じゃが	ペースト肉じゃが
調理例（ごはん）				
物性規格 かたさ上限値 N/㎡	5×10^5	5×10^4	ゾル：1×10^4 ゲル：2×10^4	ゾル：3×10^3 ゲル：5×10^3
物性規格 粘度下限値 mPa·s			ゾル：1500	ゾル：1500

※「ゾル」とは、液体、もしくは固形物が液体中に分散しており、流動性を有する状態をいう。「ゲル」とは、ゾルが流動性を失いゼリー状に固まった状態をいう。

食材のかたさなどをあらわす区分表。「ユニバーサルデザインフード」には、表の上部にあるマークがつけられている。

5 調理器具

包丁やピーラーなどの調理器具は、つかいこなせないと、手を切るなどして危険がともないます。つかう人にあわせた工夫が必要です。

同じ包丁でも……？

たとえば、大人がつかう場合と、手が小さく力も弱い子ども、車いすに乗っている人とでは、どんな包丁が「つかいやすく安全」かは、ちがうはずですね。

●あぶなくない包丁

全体が軽く、柄の部分が太めでにぎりやすい包丁。けがをしないように配慮され、子どもだけでなく、大人でも安心。

あぶなくないように、刃の先は丸くなっている。

刃の根本と先は、切れないようになっている。

●指を切らない工夫

食材をおさえる手を、あやまって切らないように考えられたカバー。子どもだけでなく、料理初心者の大人にも便利。

●自由に持てる包丁

このねじを外して、柄の角度をかえる。

自分が一番持ちやすく力を入れやすい位置に、柄の角度をかえられる包丁。車いすに乗った状態や、両手で持って、力を入れたいときなどに便利。

パート2 目で見るユニバーサルデザイン（UD）

●片手で切りやすいまな板

片手がつかえないと、包丁がぶれたり食材が動いたりして困ることがある。写真のまな板は、「壁」に食材をよせたり、まな板についた小さなピンに食材をさしたりして食材を固定できるため、片手でも切りやすい。

●計量カップ

ふつう計量カップは、液体を注ぎおわってから本体の横にある目盛りを読む。写真は、上から目盛りが見えるので、液体を注ぎながら量をはかることができる計量カップ。

●計量スプーン

この部分があることで、置いてもななめにならない。

計量スプーンはふつう、片手でスプーンを水平に保ち、もう一方の手で調味料を入れる。これが意外とむずかしい。かといってテーブルに置くとななめになって正確に量をはかれない。写真は、ほんの少しのアイディアで、その問題を解決し、つかいやすくしたもの。

もっとくわしく！

電子レンジがUD製品？

電子レンジは、目に見えないマイクロ波という電波で、食材のなかの水分のつぶ（分子）をふるわせて摩擦熱を起こし、食材の内側から加熱する。火をつかわないため、短時間で食材をあたためられる。また、煮たり蒸したりといった調理もできるため、子どもや、障がいで手がうまくつかえない人、認知症（→用語解説）の人をはじめ、だれにとっても、安全で便利な、UD調理機器といえる。近年は、電子レンジをつかった料理を「UD料理」として紹介する本も出版されている。

障がいのため体が思うように動かず、調理がむずかしい下田昇兵さん考案の料理を紹介する本。すべて電子レンジや炊飯器を利用し、火はつかわない。

著：下田昇兵

発行：旭川印刷製本工業協同組合

●持ちやすいピーラー

指をかける丸い穴があることで、力が入れやすいピーラー（皮むき器）。

6 洗たく用具

みなさんは、自分で洗たくすることがありますか？ 自分でやることで「もっとこうなると便利なのにな」などと、「UDアイディア」がうかんでくるはずですよ。

UDは進化する！

昔、発明されたばかりの洗たく機は、自分でハンドルを回して洗たくそうを回すものでした。それでも、1枚ずつ手洗いしていた時代にくらべれば画期的！ でも、それから洗たく機はどんどん進化。便利さやつかいやすさは、技術の進歩によってどんどん進化し、UD製品も変化するのです。

●片手でほせる洗たくばさみ

片手で洗たくばさみを開き、もう片方の手で持った洗たくものをとめるという作業がいらないもの干し。一度に複数の洗たくものを外せる工夫も。

●入れやすく、取りだしやすい洗たく機

とびらが本体の側面についていて、洗たくそうがななめになっているドラム式洗たく機。とびらが上部についている洗たく機（上の写真）にくらべて、背が低い子どもや、車いすにすわった人をはじめ、だれもがつかいやすい。

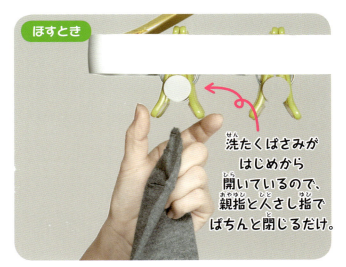

ほすとき

洗たくばさみがはじめから開いているので、親指と人さし指でぱちんと閉じるだけ。

外すとき

棒をにぎると、横にならんだ複数の洗たくばさみがいちどに開く。

パート2 目で見るユニバーサルデザイン（UD）

7 医療関係

病気やけがをしたときは、ふだんより力が出なかったり注意力に欠けていたりするもの。そんなときにつかうものこそ、だれにでもかんたんにつかえる必要があります。

だれもがつかうものだからこそ

みなさんたちのような子どもからお年寄りまで、だれもがつかう体温計や薬には、どんな工夫がしてあるのでしょうか？

●見やすくかんたんな体温計

UDを意識してつくられた電子体温計と、かつて一般的だった体温計（水銀体温計）。どちらがつかいやすいかは一目瞭然。

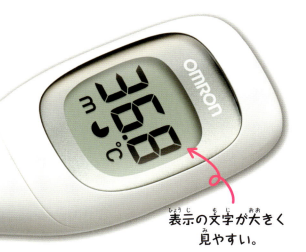

表示の文字が大きく見やすい。

平たいかたちで、わきにはさみやすく、ずれにくい。

先がとがっていない。

水銀体温計

●薬を落としにくい箱

薬をいちど箱のなかに押しだしてから、取りだすしくみのパッケージ。「パッケージから出したとたん落としてしまう」といったことを防げる。

取りだした薬を落とし、見失ってしまうことも。

27

もっと知ろう！
UDにかかわる法律など

日本では、少しずつユニバーサルデザイン（UD）の考え方が広まってきています。これには、UDやバリアフリー、それらにかかわる法律の制定が大きくかかわってきています。

これまでの流れ

1974年の国連での報告書『バリアフリーデザイン』（→P4、30）を受けて、世界的にバリアフリーの考え方が広まりました。そんななか、国連が1981年を「国際障がい者年」に指定。日本でもバリアフリーへの意識が高まり、1990年代、バリアフリーをすすめる法律がつぎつぎとつくられました（→右）。これにより、国内にある製品、施設、まちやくらしにバリアフリーが取りいれられ、人びとにもバリアフリーの考え方が広まりました。

●ハートビル法（1994年）

正式名称
「高齢者、身体障害者等が円滑に利用できる特定建築物の建築の促進に関する法律」

・不特定多数の人が利用する大規模な公共施設（建物）を対象にバリアフリー化を目指すもの。
・「だれもが利用しやすいハートのあるビルをつくる」ことを目的とした法律。たとえば、病院やホテル、劇場、デパートなどを新しくつくる際に、入り口やろうかなどを広く設計して車いすが通りやすいようにすることを義務づけた。2006年、「バリアフリー新法」に統合されたことにより、廃止。

●ハートビル法が目ざしたビルのチェックポイント

出典：国土交通省・バリアフリー法紹介パンフレット「ハートのあるビルをつくろう」

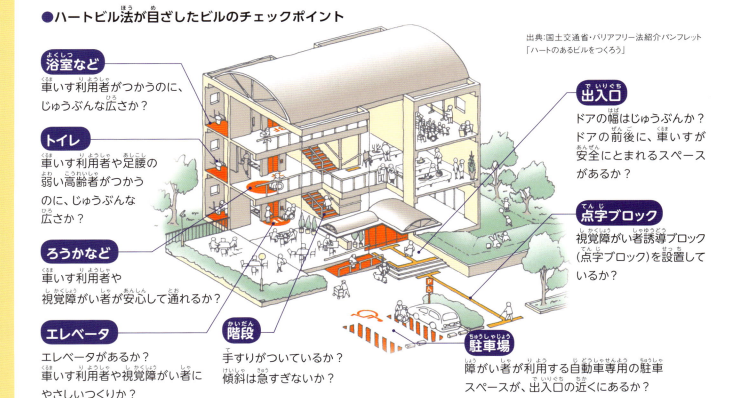

浴室など
車いす利用者がつかうのに、じゅうぶんな広さか？

トイレ
車いす利用者や足腰の弱い高齢者がつかうのに、じゅうぶんな広さか？

ろうかなど
車いす利用者や視覚障がい者が安心して通れるか？

エレベータ
エレベータがあるか？車いす利用者や視覚障がい者にやさしいつくりか？

階段
手すりがついているか？傾斜は急すぎないか？

出入口
ドアの幅はじゅうぶんか？ドアの前後に、車いすが安全にとまれるスペースがあるか？

点字ブロック
視覚障がい者誘導ブロック（点字ブロック）を設置しているか？

駐車場
障がい者が利用する自動車専用の駐車スペースが、出入口の近くにあるか？

●交通バリアフリー法（2000年）

正式名称
「高齢者、身体障害者等の公共交通機関を利用した移動の円滑化の促進に関する法律」

・不特定多数の人が利用する公共交通機関の旅客施設やその周辺の道路を対象にバリアフリー化を目指すもの。バスや鉄道車両、飛行機などの乗りもの、自動車も対象にふくむ。
・たとえば駅や空港、バス停などを新しくつくる際に、エレベータを設置したり、ノンステップバス（→P5）を導入したりして、高齢者や身体障がい者が利用しやすいように配慮することを義務づけた。2006年、「バリアフリー新法」に統合されたことにより廃止。

●バリアフリー新法（2006年）

正式名称
「高齢者、障害者の移動等の円滑化の促進に関する法律」

・従来の「ハートビル法」と「交通バリアフリー法」を統合してつくられた法律で、建物や駅、空港などあらゆる施設を対象としている。
・公共施設（建物）と公共交通機関・旅客施設、交通機関とそれらを結ぶ道路など、まち全体が対象。
・「ハートビル法」と「交通バリアフリー法」、従来のふたつの法律では、施設ごとバラバラにバリアフリーがすすむことが問題のひとつとなっていた。また、建物や駅、空港とのあいだにある駐車場、公園などはまかないきれなかった。バリアフリー新法の制定により、あらゆる施設を対象に、階段や段差をすくなくしたり、車いすでの移動がしやすいじゅうぶんな広さを確保したりといった配慮を義務づけた。

●障害者差別解消法（2016年）

正式名称
「障害を理由とする差別の解消の推進に関する法律」

・「障害のある人もない人も、互いにその人らしさを認め合いながら、共に生きる社会をつくることを目指す」法律（内閣府）。
・国・都道府県・市区町村の役所、企業、店舗などの事業者に対して、障がい者を、障がいを理由に差別することの禁止や*1、障がい者から「バリア」を取りのぞくことを求められたときに対応すること*2 などを求めた法律。

＊1「不当な差別的取扱いの禁止」。
＊2「合理的配慮の提供」。

- -

●バリアフリー・ユニバーサルデザイン 推進要綱（2008年）

これまでの法律などの整備によって、公共施設・交通機関、住宅・建築物などのバリアフリーやユニバーサルデザイン化がすすめられてきた。この要綱の基本方針は、とくに「心のバリアフリー*」推進。「障害者、高齢者、妊婦や子ども連れの人などに主な焦点を当て、そうした方々が社会生活をしていく上でバリアとなるものを除去するとともに、新しいバリアをつくらないことが必要」としている。

＊「国民だれもが障害者や高齢者などへの理解を深め、自然にささえられるようにすること」（同要綱より）。

●ユニバーサルデザイン2020行動計画（2017年）

2020年に東京でオリンピック・パラリンピックが開催されることをきっかけに、まとめられた行動計画。大会を開催する東京のみならず、日本全国で「世界に誇れる水準でユニバーサルデザイン化された公共施設・交通インフラを整備」「心のバリアフリー*を推進」し、大会が終わったあとも「レガシー（遺産）」として残していくことを目的とするもの。

＊「さまざまな心身の特性や考え方を持つすべての人々が、相互に理解を深めようとコミュニケーションをとり、支え合うこと」（同行動計画より）。

用語解説　●この本のなかで、説明しきれなかった言葉の意味を紹介します。

点字

たてに3つ、横に2つ、合計6つのもりあがった点の組みあわせであらわす文字。指でふれて読みとる。アルファベットをあらわす点字は1825年、フランスのルイ・ブライユが考案。日本では1890年、石川倉次が、ブライユの点字をもとに、日本語のひらがななどをあらわす点字を考えた。点字以前は、文字をうきださせて印刷したり、ひもの結び目で文字をあらわしたりしていたが、読むのに時間がかかる上、視覚障がい者が自分で書くことができなかった。点字は紙をうらから押しだすことでかんたんに「書く」ことができる。訓練すればはやく読むこともでき、視覚障がい者にとって画期的な文字だった。

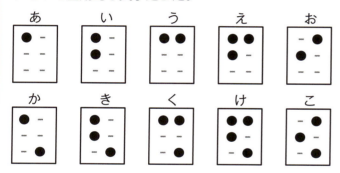

7つの原則（ユニバーサルデザインの7つの原則）

ユニバーサル・デザイン（UD）の生みの親、ロナルド・メイスは、ユニバーサル・デザインには7つの原則があると提唱した。
①公共性が高いこと Equitable Use
②だれもが自由につかえること Flexibility in Use
③つかい方がかんたんであること
　Simple and Intuitive use
④必要な情報がわかりやすいこと
　Perceptible Information
⑤安全なこと Tolerance for Error
⑥つかれにくいこと
　Low Physical Effort
⑦つかいやすい大きさや広さがあること
　Size and Space for Approach and Use

認知症

認知症は病名ではなく、ふつうの日常生活や社会生活を送ることが困難な状態をあらわす言葉。

厚生労働省のホームページでは、「生後いったん正常に発達した種々の精神機能が慢性的に減退・消失することで、日常生活・社会生活を営めない状態」とされている。生まれながらに脳に障がいがあるのとはちがい、さまざまな原因で、だんだんと脳の機能が低下したり、失われたりすることで症状があらわれる。

おもな症状は、「少し前のことが思いだせない」などの記憶障がい、「話したいことが話せない」などの言語障がいなど。原因はさまざまで解明されないことも多いが、脳の血管の障がいや、アルツハイマー病などが多いと考えられている。症状の進行をおくらせる薬はあるが、現在、根本的な治療薬はない。

バリアフリーデザイン

国際連合（国連）では、1972年、「障がいのある人の社会参加を阻害する物理的・社会的な障壁を除去するための行動が必要である」と提言。これを受け、1974年6月に国連のバリアフリーデザインに関する専門家会合が取りまとめたのが、「バリアフリーデザイン」という報告書。その後も国連は、1976年に「障がいのない人による障がいのある人に対する制度的障壁や意識上の障壁がある」ことを指摘。1982年には、「国連障害者の十年」の目標として「障害者に関する世界行動計画」を定め、1993年の国連総会では、「国連障害者の機会均等化に関する標準規則」を採択した。

リハビリ

リハビリテーションの略。けがや病気などによって低下した、体や精神の能力・機能を改善させ、もとの状態に近づけようと働きかけること。必ずしももとの状態にもどすことではなく、その人にもっとも適した状態にまで機能を取りもどすこと。

さくいん

あ
エレベータ	5、28、29
えんぴつ	6、16、17
オストメイト	9

か
画びょう	17
牛乳パック	22
薬	27
計量カップ	25
計量スプーン	25
消しゴム	16、17
交通バリアフリー法	29
コップ	21

さ
皿	20
色相環	14
ジャムのびん	7
シャンプー	7
障害者差別解消法	29
食品用ラップ（ラップ）	22
スプーン	20、21
スロープ	5、8
洗たく機	26
洗たくばさみ	26

た
体温計	27
多目的トイレ	5、6、9
茶わん	21
つめ切り	18、19
点字	7、17、30
電子レンジ	25

な
7つの原則	4、30
認知症	10、16、25、30
ノンステップバス	5、6、29

は
ハートビル法	28、29
はさみ	16、17、18、19
バリア	4、5、29
バリアフリー	4、5、10、28、29
バリアフリー・ユニバーサルデザイン推進要綱	29
バリアフリー新法	28、29
ピーラー	24、25
フォーク	21
福祉	9、11
福祉の心	8、9、15、19、21
筆	16、17
ペットボトル	22
包丁	24
ボールペン	6
ボタン	13、14、15

ま
まな板	25

や
矢欠き	22
UD製品	7、8、9、25、26

UD
UD料理	25
ユニバーサルデザイン2020行動計画	29
ユニバーサルデザインフード	23
ユニバーサル・プレイシング	10、11
洋服	13、14
洋服のタグ	14

ら
リハビリ	10、16、30
ロナルド・メイス	4、30

■ 監修／小石 新八（こいし しんぱち）

1937年長野県生まれ。武蔵野美術学校卒業。武蔵野美術大学芸能デザイン（現・空間演出デザイン）学科教授、工芸工業デザインコース教授などをつとめ、同大学名誉教授に。学長補佐、通信教育課程長、武蔵野美術大学出版局社長などを歴任。著書に『演劇空間論』、共著に『スペースデザイン論』（ともに武蔵野美術大学出版局）、監修に『ポケットポプラディア 検定クイズ100 マーク・記号』（ポプラ社）、『できるまで大図鑑』（東京書籍）、『なりたい！ 知ろう！ デザイナーの仕事』シリーズ全3巻（新日本出版社）などがある。

■ 構成／稲葉 茂勝（いなば しげかつ）

1953年東京都生まれ。大阪外国語大学、東京外国語大学卒業。子ども向け書籍のプロデューサーとして多数の作品を発表。『世界の言葉で「ありがとう」ってどういうの？』（今人舎）ほか、国際理解関係を中心に著書・翻訳書は80冊以上にのぼる。2016年9月より「子どもジャーナリスト」として執筆活動強化。最新刊は『教科で学ぶパンダ学』（今人舎）。

■ 編／こどもくらぶ（中嶋 舞子）

「こどもくらぶ」は、あそび・教育・福祉の分野で、こどもに関する書籍を企画・編集しているエヌ・アンド・エス企画編集室の愛称。図書館用書籍として、以下をはじめ、毎年5〜10シリーズを企画・編集・DTP制作している。
これまでの作品は1000タイトルを超す。
http://www.imajinsha.co.jp/

■ 企画・DTP制作・デザイン

株式会社エヌ・アンド・エス企画

この本の情報は、2017年11月までに調べたものです。
今後変更になる可能性がありますので、ご了承ください。

■ DTP制作・デザイン

菊地隆宣

■ 写真提供 （敬称略、順不同）

nashie/PIXTA(ピクスタ)（表紙・P13）
株式会社フクイ（表紙・P14下）
コクヨ株式会社（表紙・P17上・中）
三信化工株式会社（表紙・P20・21左上）
イメージクラフト株式会社（表紙・P26右）
オムロンヘルスケア株式会社（表紙・27上）
トライポット・デザイン株式会社
　（カバー袖・P2・6）
キユーピー株式会社（P1・7右下・23上）
サントリー食品インターナショナル株式会社
　（P1・22中央）
朝日印刷株式会社（P1・27左下）
株式会社墨運堂（P3・16）
© Leo Bruce Hempell | Dreamstime（P8）
© taniho - Fotolia.com（P9）
© Jan Schneckenhaus | Dreamstime（P10）
© Olesia Bilkei - Fotolia.com（P11左上）
© Kzenon - Fotolia.com（P11右上）
alexraths / 123RF 写真素材（P11下）
株式会社アイリス（P14中）
長谷川刃物株式会社（P17下）
合同会社楽膳（P21右上）
株式会社クレハ（P22右下）
旭化成パックス株式会社（P23中）
日本介護食品協議会（P23下）
株式会社マサヒロ（P24上）
コーンズ・アンド・カンパニー・リミテッド
　（P24左下・25左下）
有限会社ウカイ利器（P1・24右下）
アビリティーズケアネット株式会社（P25左上）
貝印株式会社（P25右上・中）
藤山哲人（P26左上）
パナソニック株式会社（P26左下）

見る！ 知る！ 考える！
ユニバーサルデザインがほんとうにわかる本❶ もののユニバーサルデザイン

初　版	第1刷	2017年11月30日
	第7刷	2024年 9月30日
監　修	小石新八	
編	こどもくらぶ	
発　行	株式会社 六耀社	
	〒135-0091 東京都港区台場 2-3-4	
	電話　03-6426-0131　FAX　03-6426-0143	
発行人	向 隆宏	
印刷所	シナノ書籍印刷株式会社	

©Kodomo kurabu　NDC369　280×215mm　32P　ISBN978-4-89737-958-6　Printed in Japan 2017

落丁・乱丁本は、購入書店名を明記の上、小社営業部宛にお送りください。送料小社負担にて、お取り替えいたします。